教えて！仏さま

あなたに寄りそう仏さまBOOK

尼僧漫画家 悟東あすか

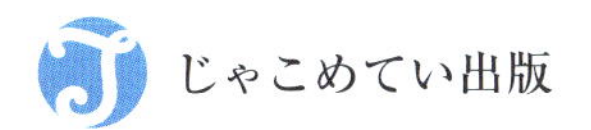

じゃこめてい出版

はじめに

この本は、あなたのために作られました。

この本を手に取るあなたを、
仏さまたちは、待っておられました。

この本から、あなたはきっと多くの
仏さまのメッセージを受け取り、
仏さまと心がつながる想いに気づくでしょう。

この本の使い方

「ご真言」

　仏さまに呼びかけて来て頂く言葉

「今、必要なメッセージを受けとる」

　深呼吸してから、パッと本を開いて目に入ってきた仏さまのページを読んでみましょう。今のあなたに必要なメッセージが、きっと含まれているはずです。

　それぞれの解説ページには、本書独自の仏さまのイメージカラーを紹介してあります。仏さまを身近に感じられるように、持ち物や洋服などに取り入れるのもいいですよ。

　【こんなときに頼りたい】の中に自分の願うことをみつけたら**【気持ちを重ねるポイント】**を心に止めて、本の中のお姿にまず気持ちを重ねてみましょう。お寺を直接お参りされても良いかもしれません。

「寄り添う仏さまに出会う」

　〈仏さまの得意分野〉（P.136）を開き、今の自分の悩みや迷いに合った仏さまを自由な気持ちで選んでみましょう。この悩みを解決するまで、この迷いを晴らす日まで、いつも寄り添い見守ってくださるでしょう。

　ひとつずつ問題をクリアしていけば、色々な仏さまとふれあうことができます。

もくじ

教えて!
仏さま
あなたに寄りそう仏さまBOOK

毘沙門天さま

（びしゃもんてん）

やり方はひとつじゃないだろ？
変えてはいけないのは
大事な決意だけだよ。

ご真言

おん　べいしらまんだや　そわか

毘沙門天（びしゃもんてん）さま

仏さまのイメージカラー

間違ったこと、邪なことを正す紫

七福神のおひとりとしてもよく知られている毘沙門さまです。
おひとりでお祀（まつ）りされているときは毘沙門さまで、四天王として仏さまの近くで警護しているときは多聞天（たもんてん）と呼ばれ、北の方角を担当しています。この「多聞」というのは、いつも仏さまの一番近くに居てそのお話をたくさん聞いているからといわれています。

毘沙門さまとしてお祀りされているときは、奥さまといわれる吉祥天（きちじょうてん）と息子の善膩師（ぜんにし）童子と三人の形が多く見られます。

仏教が日本に伝わってくる前に中国では手にねずみを持っていたり、またもう少し暖かい地域では口から財宝を吐くマングースを連れているお姿だったり。日本でも商売繁盛のご利益があることで有名ですが、日本での毘沙門さまのお手伝いはなんとムカデです。これは「お足が多い」という洒落でもあるのですが、一方で戦に勝つための守護神としての信仰も厚くムカデは後ろに下がることができないことから、どんどん前に進むという力を示しているといわれています。

どちらにしても前に進むためにお尻を押してくださる仏さまです。吉祥天という絶世の美女が奥さまなのは、どんなにキレイで素敵な女性が現われても我を忘れることがないからです。
ご一家でお祀りされている姿は、まるで息子の成長を見守るやさしいお母さんと働き者で真面目なお父さんという構図で、見る人はみなこういう家族でありたいと思わされます。お金のことや事業の繁栄などいろいろなお願いが私たちの中にはありますが、自分が守るべき大切なものがあったら守るためにやるべきことをやること。毘沙門さまはその先にきっと必要なものや家族が安心できるものを与えてくださるはずです。

【こんなときに頼りたい】

不退転の決意を固めたいとき

家族をしあわせにしたいとき

大切なものを守りたいとき

【気持ちを重ねるポイント】

仏法の守護をされていて
曲がったことは正さずにはいられない毘沙門天さまです。

あなたが正々堂々と胸を張って向き合うなら
必ず力をかしてくださいますよ。

荼枳尼天（だきにてん）さま

ありがとうって伝えていますか？
あなたを生かしてくれる
大切な言葉。

ご真言

おん　きりかく　そわか

荼枳尼天(だきにてん)さま

仏さまのイメージカラー

まっすぐに誠実さを
求める強い意志の赤

もとはインドのダーキニーという生きた人を食べる鬼神でした。

それに心を痛めた大日如来が遣わした大黒天(だいこくてん)（マハーカーラ）が、熱心に諭して仏さまの仲間になったといわれています。もとはジャッカルに乗っている姿でしたが、日本では白い大きなキツネに乗ったとても美しい女神としてお祀(まつ)りされています。

芸能や事業繁栄のご利益が知られていて芸能人や会社を経営している方の信仰を集めています。

なぜ荼枳尼天さまが芸能や事業繁栄に力を貸してくださるのか？ これは単純に運を上げてくれるからではありません。自分が良い方向に伸びていかれるように良いご縁を結んでくださった結果、物事が上手く運んでいく波に乗れたということです。

荼枳尼天さまは何よりも不義理を良しとされません。誠実に縁を大切に育てなさいと常に人を戒め、お力添えで願いが叶っても自分の力だとおごりたかぶって周りへの感謝を忘れれば、あっという間に足元から崩れてしまいます。

荼枳尼天さまは一度お参りしたら続けなくてはいけないといわれる理由がここにあります。怖いと誤解されがちですが、誠実でまっすぐな仏さまです。

※有名な豊川稲荷の豊川吒枳尼真天(だきにしんてん)（荼枳尼天）さまのご真言は、「おん　しらばったにりうん　そわか」をお唱えします。

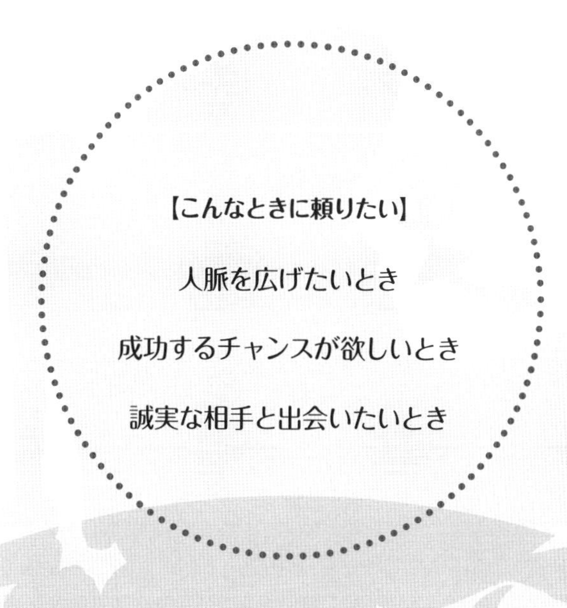

【こんなときに頼りたい】

人脈を広げたいとき

成功するチャンスが欲しいとき

誠実な相手と出会いたいとき

【気持ちを重ねるポイント】

何よりも誠実さを問われます。

あなたが本当に自分の人生をかけて願っていることを
真摯にお伝えしてください。

途中で気が変わるくらいのことなら門前払いをされてしまう覚悟で
お参りしてくださいね。

大黒天(だいこくてん)さま

満たされたいと願うなら
何が足りるということか
知らないとね。

ご真言

おん　まかきゃらや　そわか

大黒天(だいこくてん)さま

仏さまのイメージカラー

人の暮らしを豊かにする竈の火の紅

打出の小槌に米俵が印象的な大黒天、あの「大黒さま」です。

日本では七福神のおひとりですが、もともとはインドのちょっとコワモテな神さまだったそうです。マハーカーラというヒンドゥー教の主神の一人、シヴァ神の化身で大きな暗黒という意味のお名前を持つ戦いや冥界に通じる神さまでした。でもまったく別の面もあり、財をもたらして、食べ物に困らないというご利益がある仏さまでもあります。

インドのお寺では台所にお祀りされているためいつも油で拭われているうちに黒くなってしまい、それを唐のお坊さんがご覧になって「大黒天」と名付けられたともいわれています。その台所の大黒天を天台宗の開祖最澄さまが日本に伝えるのですが、そのときに日本の「大国主命(おおくにぬしのみこと)」(大黒さま)とインドの黒い大黒天が合わさって今の姿になったといわれています。

そして台所を護る仕事から竈(かまど)を護る仕事へ、そして竈を満たしてくださる豊穣の神さまへとその守備範囲の幅が大きく広がっていきました。

人間お腹がすくとロクなことを考えなくなり、必要以上に情けない気持ちになります。でも、大黒天さまは、「ちゃんと食べなさい、おなかを満たしてあげるから。そしてちゃんと頑張りなさいよ」といつも応援してくださるのです。

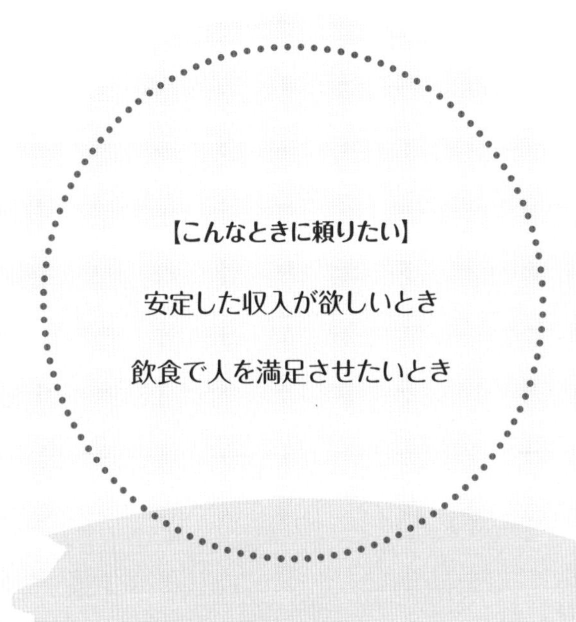

【こんなときに頼りたい】

安定した収入が欲しいとき

飲食で人を満足させたいとき

【気持ちを重ねるポイント】

あなたにとっての豊かさが
他の誰かにとっても喜ばれるものであるように
大黒さまにお願いすることを考えてください。

大きな台所で作られる沢山の料理は
大勢の人のおなかを満たし、
笑顔にしてくれる大きな恵みであることを感謝して
大黒さまに向き合ってください。

弁天(べんてん)さま

一杯の水を
分けあう心を持っていますか？
それは豊かさの証ですよ。

ご真言

おん　そらそばていえい　そわか

弁天(べんてん)さま

仏さまのイメージカラー

すべての命を潤す、
みずみずしい青

弁天さまは、琵琶(びわ)を持っていて、艶(あで)やかで素敵な女性のお姿をされています。もとはインドの神さまでお名前をサラスヴァティーといいます。これは河の名前そのままで「水が豊かな川」という意味なんだそうです。

日本には水の豊かなところではヘビの神さまの「巳(み)さま信仰」がありますが、弁天さまのお手伝いをするのもヘビです。これはおじいさんの顔をしたヘビの姿の神さま「宇賀神(うがじん)」と巳さまが結びついたものともいわれています。

琵琶を持っている七福神の美女のイメージが強いですが、密教では８本の腕にたくさんの道具を持っています。

ときとして、お稲荷さまと同じ位置づけをされる場合もあるそうです。水は私たちが生きてゆくには、不可欠で大切なものですよね。私たちの命を支えてゆくため、豊かな暮らしを営めるように、いろいろな物を分けてくださるのが弁天さまであり、弁財天(べんざいてん)といわれる所以(ゆえん)でもあります。

カップルでお参りすると弁天さまがヤキモチを妬いて別れさせてしまう、そんな迷信がありますが、弁天さまは決して嫉妬の気持ちに駆られることなどありません。
本当にしあわせになれる相手かどうかをちゃんと見きわめてくださり、結ばれるべき相手ならばしっかりとご縁を結んでくださり、もしふさわしくない相手ならすっぱり縁を切って新しいご縁をくださいます。

また、弁天さまは芸事の才能を開花させ上達するように応援してくださるので、アーティストにとってはとても心強い仏さまでもあります。

【こんなときに頼りたい】

どうしても忘れられない人がいて
苦しいとき

商売や仕事で結果を出したいとき

夫婦や恋人同士で
ケンカをしてしまったとき

音楽や絵、演劇などに
打ち込みたいとき

【気持ちを重ねるポイント】

仕事や私生活で行き詰まったとき、
やさしいお姉さんに素直な気持ちで相談するように
力まずに自分の言葉でしっかりと気持ちを伝えましょう。

その一生懸命伝える気持ちに必ず応えてくださいます。

聖天さま

しょうてん

誰かを大切に想う気持ちが
あなたを変えてくれるわよ。
（女天さま）

何かを守るって戦うことじゃねえよ。
大切にするってことだな。
（男天さま）

ご真言

おん　きりくぎゃくうん　そわか

聖天(しょうてん)さま

仏さまのイメージカラー

お互いを慈しみ、和合を願うやさしい桃色

聖天さまとして親しまれている「大聖歓喜天(だいしょうかんぎてん)」です。

他の仏さまと違っているのは「男天(だんてん)」と「女天(めてん)」のおふたりで一組の聖天さまということです。

こんなお話があります。

むかし、やんちゃで暴れん坊のビナヤキャと呼ばれるゾウのお顔をした神さまがいました。ネズミに乗ってお散歩中にヘビが現れておどろいたネズミに振り落されてしまいます。その様子を空から見ていたお月さまが思わず笑ってしまったのです。それに気づいたビナヤキャさまは「なに見てんだよ！笑ってんじゃねえよ！」と激怒、自分の片方の牙をへし折ると「てめえ、バチを当ててやるからな！」と月に向かって投げつけました。その「罰」のせいで、月は満ちたり欠けたり、落ち着かなくなったとか…。

そんなやりたい放題にみんなが困っていました。

あれはなんとかしないと…と思案された十一面観音さまは、ビナヤキャさまと同じゾウのお顔をしたかわいい女の子を化身として派遣します。

聡明でチャーミングな女の子にビナヤキャさまも一目惚れです。観音さまの化身の女の子は、「悪いことや乱暴なことぜんぶ止めて仏さまの道に入るならお嫁さんになってもいいわよ」と答えます。そういわれ心を入れ替えたビナヤキャさまは、聖天さまというご夫婦になられたのでした。

「悪いことしちゃダメよ」という意味で、奥さまは旦那さまの足をそっと踏んでいます。誰かを心から愛すること、その人を大切にできる喜び、自分が愛される嬉しさを知れば、心根まで変えられることを教えてくださっているのです。

【こんなときに頼りたい】

大切な人を守りたいとき

心から愛する人が欲しいとき

心を通わせる友だちが欲しいとき

【気持ちを重ねるポイント】

争い事がお嫌いな聖天さまご夫妻です。

親戚のやさしいお兄さんやお姉さんのお家を訪ねて
相談するような気持ちで頼ってください。

お二人を慕う気持ちが何よりも大切で、
心を近づけてくれますよ。

そうすればありあまるほどの愛情を分けてくださいます。

くじゃくみょうおう
孔雀明王さま

毒を吐かない人なんていないよ。
それは溜めては
いけないものだから。

ご真言

おん　まゆらぎらんでい　そわか

孔雀明王（くじゃくみょうおう）さま

仏さまのイメージカラー

天と地のバランスで育まれ、癒してくれる若草の緑

孔雀の背中に乗って穏やかな表情をされているのが孔雀明王さまです。

いかつい明王さまたちのなかでも唯一女性のやさしいお姿をされていて孔雀仏母（くじゃくぶつも）と呼ばれることもあるそうです。

孔雀は毒蛇を食べたり、雨が降るのを感じ取る力がある不思議な鳥とされており、その背に乗っている孔雀明王さまは、私たちの中にあるすべての毒を抜いてくださるといわれています。

身体の毒素もですが、心の毒も抜いてくださるという意味でもあります。学校に行ったり仕事をしたり家事に追われたり、毎日人間関係に気を使って自分を抑え込んでしまうと、知らない間に心にも毒素がたまっていきます。

孔雀は毒蛇を食べてもきれいな羽をより美しくするように、たとえ毒であっても自分の心がけ次第で栄養に変えることができることを教えてくれます。

雨を感じ取る力を持っていることから、雨乞いのご祈祷のご本尊にもなるといわれています。

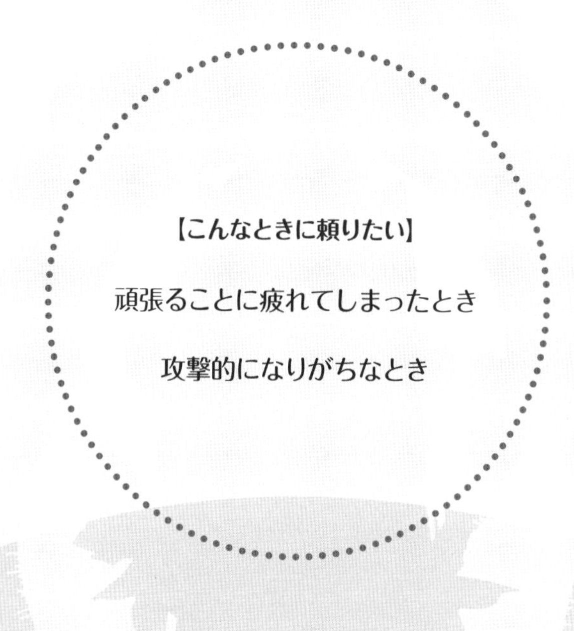

【こんなときに頼りたい】

頑張ることに疲れてしまったとき

攻撃的になりがちなとき

【気持ちを重ねるポイント】

あなたが溜め込んだものを
明王さまの孔雀に食べてもらう姿をイメージしてください。

ひとつも残さず孔雀に差し出してください。

空になったあなたの中に孔雀明王さまは
キレイな色の羽を運んでくださるでしょう。

お不動さま

助けを乞うのは弱さじゃなく
誰かを、何かを、
信じられる強さやろ？

ご真言

のうまくさんまんだばざらだん　かん

お不動(ふどう)さま

仏さまのイメージカラー

ご自身の身をいとわずに救ってくださる熱い思いの赤

お不動さまとして親しまれている不動明王さまです。

「不動明王」というのは、〝困っている人をすべて助けるまでわしゃ動かんぞ!〟という感じをよく表しています。

頭の上に蓮華の花をのせているお像がよくありますが、それは苦しみの泥沼に沈んでいる人を上から助けるのではなく、沼に飛び込み苦しむ人の身体を下から抱え上げるからで、沼の上に咲く蓮華を頭の上にのせています。

左手に持っている「羂索(けんさく)」という紐で悪を捕えて、改心させずにはおかないという激しく厳しい愛情を表しています。

手がつけられない不良も、相手がどんなことにも動じない愛情で向かってくる先生や親だったりすると、ついには心を開き、頼り従っていくのと同じかも知れません。右手に持っている剣は「利剣(りけん)」といって智恵(ちえ)の剣で、迷いや悪い心を打ち砕きます。そして背中の炎で、私たちの中の弱さや迷い、寄ってくる誘惑や悪意も焼き尽くしてしまうのだそうです。

辛い事や苦しい事、嫌な思いを自分の中にしまい込まず、お不動さまに投げるように言っていいのです。お不動さまはしっかりと受けとめて、悪い思いは焼きつくし、良い方へと導いて下さいますよ。

お不動さまはご自分の中から36尊の童子を生み出して、お手伝いしてもらっています。怖くも優しいお不動さまは、面倒見の良いお父さんと言えそうです。

【こんなときに頼りたい】

自分の心に芯を通したいとき

身の回りにオバケの気配を感じて
気持ちが悪いとき

目標を達成するために
頑張る力が欲しいとき

【気持ちを重ねるポイント】

子どもが親に駄々をこねるように、
お不動さまに自分を投げ出してみてください。

そういう気持ちで素直に向き合えば、
どんなに理不尽なことでも諭して考えさせて、
それからあなたに合った道を開いてくださいます。

愛染明王（あいぜんみょうおう）さま

NO LOVE , NO LIFE.
愛がないヤツなんておらんやろ？

ご真言

おん　うんだきうんじゃく

愛染明王(あいぜんみょうおう)さま

仏さまのイメージカラー

愛情深く血の涙でお身体を染める、慈しみの赤

真っ赤な身体に3つの眼と6本の腕を持つ仏さまが愛染明王さまです。

どうしてお身体が赤いのか？ それはお名前通り「愛に染まっている」からで、その「慈愛」がそのまま姿を現したとされるのがこの仏さまです。

3つの眼ですべてを見渡し、6本の腕はどんな人であっても分け隔てなく助けるという意志を表わしています。「愛」という言葉には「愛欲」と「敬愛・慈愛」の二面性があります。愛欲は自分の欲望のおもむくまま相手を貪(むさぼ)ることになり、自分の満足に向けられた愛の形。敬愛・慈愛は「敬(うやま)って愛する」「慈(いつく)しんで愛する」つまり相手を大切に思うこと。自分以外の満足に向けた愛の形となります。

そして愛染さまは、けっして愛欲を否定されている訳ではありません。この愛欲がなければ子供も生まれてはこないし、何も欲を持たなということは先に進める力も出せないということにもなります。

手に持っている弓は愛や欲は自分のためではなくて、外に向けなさいよということかもしれません。誰かを大切にしたい、この人の幸せを守りたい、そう願うのも「欲」なのです。また、何かを願う背景にあるのは、そうなりたいという気持ち、つまり欲があるからです。それは仏さまが「みんなを救いたい！」と願うのと同じ根源にあるもので、何も変わりはありません。

愛染明王さまは、〝方向が違えば欲は大きな力になる〟ということを教えてくださっているのです。

【こんなときに頼りたい】

自分の恋愛に迷いが生じたとき

邪(よこしま)な執着を終わらせたいとき

【気持ちを重ねるポイント】

誰かに、または何かにこだわってしまう気持ちを
素直にお伝えしてください。

嫉妬の気持ちも寂しさも隠す必要はありません。

もしそれがあなたを苦しめるものなら
あなたの痛みを必ず感じ取ってくださいます。

お地蔵(じぞう)さま

誰も見向きもしてくれない？
いつだって見守ってる。
いつだって抱き止めるよ。

ご真言

おん　かかかびさんまえい　そわか

お地蔵(じぞう)さま

仏さまのイメージカラー

私たちの迷いや罪の意識を浄化する紫

みんながよく知っているとても身近な仏さま、お地蔵さま。

地蔵というお名前は「豊かな大地」という意味だそうです。色々な恵を私たちに与えてくれて、決して揺るぐことがない、それほど大きな存在ということです。

道の端に６人並んだお地蔵さまを見かけたことはありませんか。これは人が自ら作った業によって生死を繰り返す六つの世界、地獄、餓鬼、畜生、修羅、人、天という６つの世界つまり「六道」をあらわすもので、この世に住む私たちすべてを救うために、それぞれの世界の担当として、６体のお地蔵さまが祀られているのです。

水子や赤ちゃんの魂を救ってくださる仏さまとして尊ばれていますが、もともとは私たちが生きているこの世と亡くなった後に行く世界の中間で待っていてくださって、道に迷わないように導いてくださるのもお役目です。

お地蔵さまは可愛らしいお坊さんの姿のイメージが定着していますが、実は美しい長い髪をしたお姿もあります。そのほかにも閻魔(えんま)さまとして生前の行いを裁いたかと思えば、地蔵菩薩さまとして「生前には良い行いもあったよ」と弁護もしてくださる不思議な仏さまでもあります。

大地のように揺るがず良いことも悪いこともぜんぶ含めて、あなただよねって受け入れてくれる、深くて強いお母さんのような愛情で包んでくださる仏さまです。

【こんなときに頼りたい】

罪悪感にさいなまれ辛いとき

過去を精算してやり直したいとき

お子さんとの別れを乗り越えたいとき

肉親との悲しい別れを
どうにかして乗り越えたいとき

【気持ちを重ねるポイント】

あなたの心の中に残ってしまった後悔や罪悪感、
悲しみなどの重たく苦しい想いをひとつ残らず
お地蔵さまにうちあけてください。

謝りたい相手ともう現実では向き合えないとしても
代わりにお地蔵さまがすべて受け止めてくださいます。

小さいころ転んで泣いてしまったとき、お母さんを求めた気持ちを
思い出して、お地蔵さまにお願いしてみましょう。

ふげんぼさつ
普賢菩薩さま

自分の心に正直に
動いていますか？
その勇気が
あなたを育てています。

ご真言

おん　さんまやさとばん

普賢菩薩さま

（ふげんぼさつ）

仏さまのイメージカラー

自分を押し進める行動力の赤

「普賢」というのは「すべてにおいて賢い」という意味なのですが、普賢さまは、この賢さ、〝智恵をもって、すべての命を助けるために行動する〟という仏さまです。

白い６本の牙のゾウに乗っていらっしゃいますが、ゾウは〝徹底的に行動する〟という意思を具現するもので６本の牙は、菩薩さまの６つの修行を表しています。それは、

1. 施し恵みを与える（布施（ふせ））
2. 道を外れない（持戒（じかい））
3. 完全に自分に対する忍耐を身につける（忍辱（にんにく））
4. 知ったことを努力し実践する（精進（しょうじん））
5. 心を乱さず統一する（禅定（ぜんじょう））
6. 真実の智恵に目覚め、命の理を知る（智恵（ちえ））

弱い立場にある女性を救済するのもお仕事のひとつです。

ご眷属（けんぞく）にはそのお仕事をお手伝いする鬼子母神（きしもじん）などもいらっしゃいます。

色々なことを本で読んだり、人から習ったりして知識を増やすことはできますが、知識を生かして行くのは「行動する」こと、そして「知識を使う」ことです。

知識を使うためには自ずと工夫することが必要となり、そしてそこで初めて知識を智恵に変えることができるのです。知っているだけでやらなければ、何も知らないのと同じです。

普賢さまは、「自分が持っていることを生かして行動することに意味があるよ」「何もしなければ何も変えられないよ」そんなことを教えてくださる仏さまなのです。

【こんなときに頼りたい】

一歩踏み出すことに迷っているとき

自分の生かし方を探す
ヒントが欲しいとき

【気持ちを重ねるポイント】

何かしたい。行動を起こしたい！
この想いをストレートに伝えてください。

動き出すためのきっかけをください！という
お願いでもいいでしょう。
あなたの中にある情熱、熱意を素直に伝えてください。

文殊菩薩（もんじゅぼさつ）さま

腕力や知識は
道具にすぎません。
使い方を身につけたら
本当の力にできるでしょう。

ご真言

おん　あらはしゃ　のう

文殊菩薩さま（もんじゅぼさつ）

仏さまのイメージカラー

迷いや執着を断ち切る
智恵の紫

剣を持って獅子に乗っている姿の菩薩さまが文殊菩薩さまです。

「三人寄れば文殊の智恵」といいますが、文殊さまの持っている剣は困難を切り開く智恵の鋭さを示しているそうです。乗っている獅子はお釈迦さまの説法の比喩（ひゆ）である「獅子哭（な）く」という言葉から百獣の王である獅子が哭けば、どんな猛獣もおとなしくなるという智恵の力を示しています。

学業成就の仏さまとして知られ、受験シーズンになると多くの学生がお参りします。

文殊さまの剣が切り開こうとしている困難はなんでしょう。それは、自分自身で作り出す困難のことです。言い方を変えるなら目先のことへの執着といえるかもしれません。

自分の将来に何の目的もビジョンもないまま成績を競ったり、輝かしい経歴だけを求めるとしたら何のために一生懸命勉強しているのか分からなくなってしまいます。

もし、こんな勉強をしてこんな仕事をしたいとか、そんな目標を持って進んで行くならその途中で挫折することがあったとしても新しい道を切り開くことはできるよ。などと教えてくださっているのかもしれませんね。

進むために道を切り開く力が智恵であり、その行動力を獅子も応援してくれます。

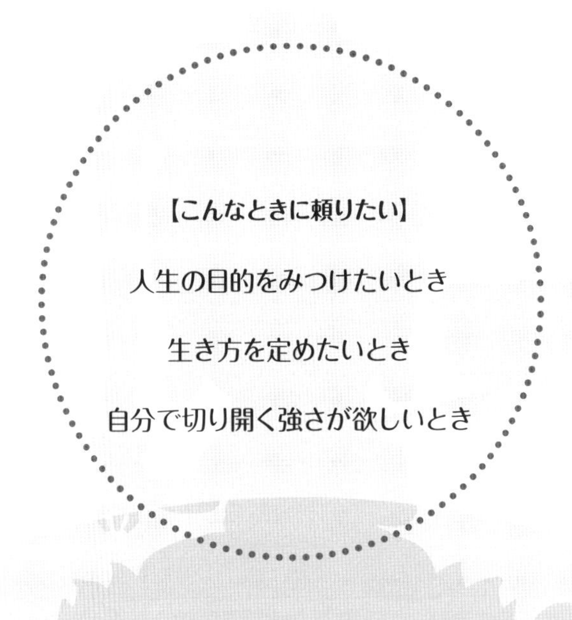

【こんなときに頼りたい】

人生の目的をみつけたいとき

生き方を定めたいとき

自分で切り開く強さが欲しいとき

【気持ちを重ねるポイント】

決意表明をする気持ちで向き合ってください。

人生の目的をみつけたいなら
「自分をちゃんと生かせる道を示してください！」というように
どう生きたいのかだけは明確にお伝えしましょう。

ばとうかんのん
馬頭観音さま

深い悲しみを知る人生って
何も知らんよりもええもんやで？

ご真言

おん　あみりとどはんば　うんぱった

馬頭観音さま

（ばとうかんのん）

仏さまのイメージカラー

すべての命を慈しむ大地の緑

観音さまなのに怒ったお顔で頭の上に馬を乗せているのが馬頭観音さまです。

なんで馬を乗せているのか？ ですが、馬のようにどこにでも駆けつけて人の迷いや苦悩、魔を取り除いてくださる力を表しています。また馬はたくさん食べるところから、煩悩を食い尽くしてくださるという意味もあります。怒ったお顔をしているのは迷いや良くないものを無にする力と意志を表しているのです。

馬は古くから様々な国で人と暮らしてきました。馬力という単位があるくらいの力持ちでありながら、賢さと気持ちのやさしさで人のために力を貸してくれます。この観音さまが馬をお名前に持っているのも、この頼もしさと懐の深いやさしさからかもしれません。

頭の上の馬から動物を護る仏さまとしても信仰されています。競馬場などにも馬頭観音の小さな石仏がお祀りされています。怖いお顔でも働いてくれる動物や小さな動物たちを護ってくださるのも観音さまとしての懐の深さとやさしさだと思います。

見方を変えれば、どんなにボロボロになった自分でも迎え入れ包んでくださる、大きな強さとやさしさを持った観音さまといえます。

生きていたら悲しいことも受け入れがたいこともたくさんあります。誰にも分かってもらえないと感じるつらい出来事も、そしてそれが言葉に出せなくても、この仏さまは 「今までよくがんばってきたね」と励まし、新しい自分をみつけられるように助けてくださるのです。

【こんなときに頼りたい】

大切な家族であるペットとの別れを
乗り越えられないとき

人の上に立つ立場が辛く感じるとき

自分の弱さを受け入れたいとき

【気持ちを重ねるポイント】

人には言えなかった辛くても頑張ってきたこと、
本当は逃げ出したい気持ちもあった弱さなど、
愚痴や身の上話を、ぜんぶ聴いてもらいましょう。

馬頭観音さまは、本当は弱虫で非力な私たちが
それでも必死に生きてきたことを全部見ていてくださいます。
そしてそのことを実感できるよう、
必ずやさしい労(いたわ)りにみちた心であなたを迎えてくださるのです。

せんじゅかんのん
千手観音さま

花には咲く季節
鳥には渡るときがあります。
今のあなたは何処(どこ)にいますか？

ご真言

おん　ばざらだらまきりく

千手観音さま

（せんじゅかんのん）

仏さまのイメージカラー

暗い闇を照らすろうそくの炎のオレンジ

千の掌ひとつずつに目と色々な物を持っていらっしゃるのがこの観音さまです。

なぜそんなにたくさん目を持っているのかということですが、それは、困っている人が漏れ落ちないようにいつも千の目で目を配り、世の中を見ていらっしゃるからなのです。

両手に持っている色々な物は、人を助けるために必要な様々な道具です。もちろん何も持っていない手もあるわけですがそれは、たくさんの目で困っている人を見落とさず手を差し伸べるために、たくさんの手をあけていなければならないからです。

観音さまの願いであり、仏さまの衆生に対する慈しみ、大智、すなわち「悟りの力」を分かり易いお姿で伝えてくださっている仏さまです。〝問題を解決できる方法は、きっと、ひとつじゃなくて、どう捉えて向き合えばいいのか？ だよ〟

そんなことを教えてくださっているのかもしれませんね。

観音さまの中でも助けの力が最大の蓮華王（れんげおう）と呼ばれることもあります。

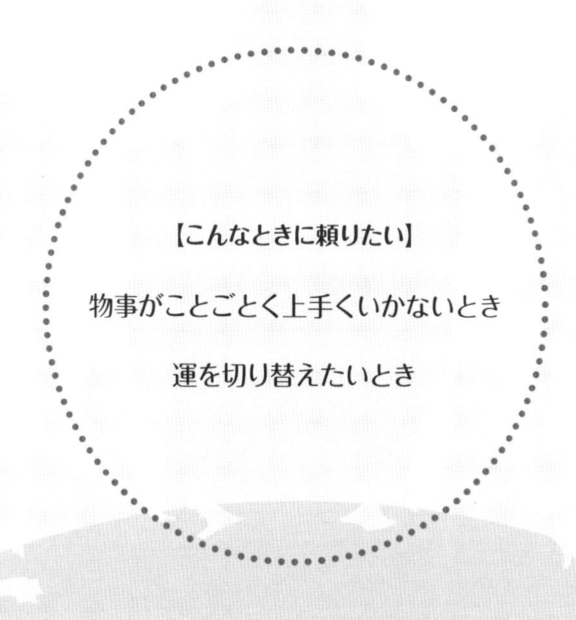

【こんなときに頼りたい】

物事がことごとく上手くいかないとき

運を切り替えたいとき

【気持ちを重ねるポイント】

「こうだったらいいなあ、こうなりますように」など
こうなりたいと思う自分の姿を具体的にイメージして
千手観音さまに伝えてください。

仏さま任せの気持ちでは、
あなたが変わりたい自分の姿は伝わりません。
「こういう自分になりたいので、今日は会いにきました！」
そんな意気込みをもって、お参りしてくださいね。

じゅういちめんかんのん
十一面観音さま

生きている今、このとき。
大切にしていますか？

ご真言

おん　まかきゃろにきゃ　そわか

十一面観音さま

仏さまのイメージカラー

修羅の世界を治める菩薩さまは、人の心の弱さを写す白

頭のてっぺんに阿弥陀(あみだ)さまと、人を救うために必要なお顔を乗せているのが十一面観音さまです。阿弥陀さまは、すべての人に対する慈(いつく)しみと成仏を願うものとして頭上にありますが、他のお顔にもそれぞれ意味があります。

〝こんな風に穏やかな心でいられたらいいね〟という悟りのお顔。菩薩さまの心、生死輪廻(りんね)の苦しむ人への菩薩さまの憐憫(れんびん)のお顔。邪(よこしま)な心を戒(いまし)めて正しい道を教える怒りのお顔などです。その中のひとつ、十一面観音さまの後ろ側、正面からは見えない位置に「大笑面」というお顔があります。大きなお口を開けて、ものすごい笑顔の面なのですが、これは楽しい笑顔ではなくて怒りを通り越した笑顔。

修羅という争いの世界で、悪い心を戒めて正しい方向に導く仏さまなので、このものすごい笑顔の恐ろしさで、悪い物は滅するといいます。普段から穏やかでやさしい人を本気で怒らせるとこうなるということです。

十一面観音さまは立っていらっしゃるお姿が多いのですが、足の部分に注目してみてくださいね。右と左の足の位置がほんのちょっとずれています。これは、〝今すぐ苦しんでる人のところに駆けつけるよ〟っていう意志の表れなんだそうです。

この仏さまには４つのお約束があるそうです。

1. 私たちがこの世を去るときに見守ってくださる。
2. 悪い物に生まれ変わらないように導いてくださる。
3. 自分の天寿を全うする。
4. この人生が終わったら極楽浄土に生まれるように導いてくださる。

この４つは、すべて私たちの人生の終わりについてです。それは〝今の命をどう生きるか?〟を大切にしなさいよっていうことかと思います。そのために、やさしく厳しく、私たちの生を見守って助けてくださっています。

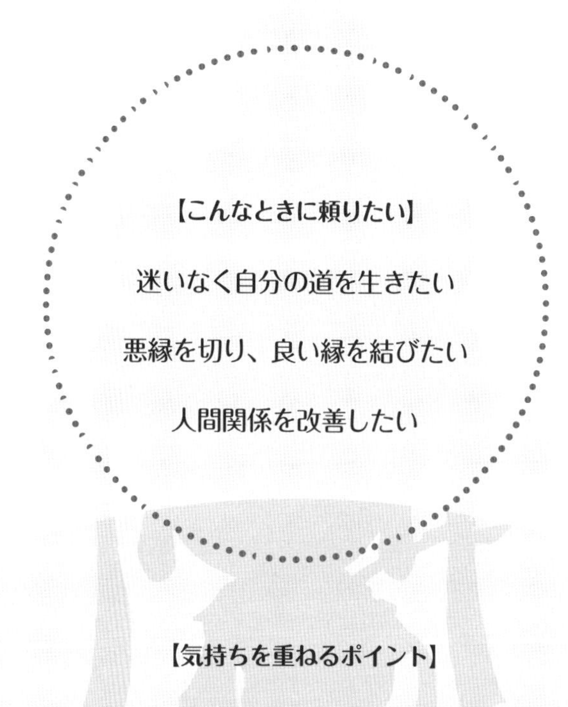

【こんなときに頼りたい】

迷いなく自分の道を生きたい

悪縁を切り、良い縁を結びたい

人間関係を改善したい

【気持ちを重ねるポイント】

十一面観音さまにお参りしたとき、
黙ってしばらくの間、そのままの自分を見ていただきましょう。

「上手くいかなくて悔しい！」
「どうしてこんなにツイてないの？」
いい子ぶらずに全部さらけ出しましょう。
空っぽになったら、あなたの心に
十一面観音さまから触れてくださいます。

如意輪観音（にょいりんかんのん）さま

あなたのいちばん大切なもの。本当に望むものは何ですか？

ご真言

おん　はんどめい　しんだまに　じんばら　うん

如意輪観音さま

にょいりんかんのん

仏さまのイメージカラー

欲をひとつずつ削ぎ落としてくださる光の色

この観音さまは如意宝珠（にょいほうじゅ）という願いを叶える珠（たま）と煩悩を打ち砕く法輪（ほうりん）をお名前に持っています。

「如意」というのは痒（かゆ）いところを自在に掻（か）ける孫の手のことを指す言葉でした。孫悟空の如意棒が自由自在に伸び縮みするのもどこにでも届く棒ということなのです。

仏教では、まさに痒いところに手が届く！ すぐに実現する、そういった意味で「如意」という言葉が使われています。ただし、すぐに実現できることであっても単なる欲から生じたものであったなら法輪の力でたちまち却下されてしまいます。

この観音さまはどこのお寺でお会いしても、何かを強くお願いする気持ちになれなくなるという不思議な仏さまです。お願いしたらいけないわけではありません。〝本当にそれって叶えて欲しいことなの？〟〝あなたが心から願い、望むのはこれなの？〟静かにそう問いかけられている気がして、自分の心と自然に向き合えるのです。

自力で何とかなることを安易にお願いするのは間違いですが、今本当に頑張っているので、応援してくださいとか、自分の力ではどうにもならない家族や大切な誰かのための願いなど、自分の欲が削ぎ落とされていくと、〝自分にとってのしあわせのベースは何か？〟〝何を大切に思っているのか？〟そんな深いところを考えさせられ、それを見せてくださるのがこの仏さまです。

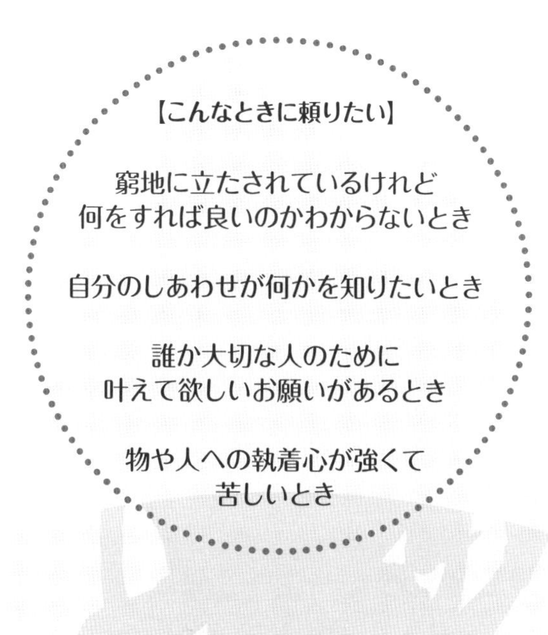

【こんなときに頼りたい】

窮地に立たされているけれど
何をすれば良いのかわからないとき

自分のしあわせが何かを知りたいとき

誰か大切な人のために
叶えて欲しいお願いがあるとき

物や人への執着心が強くて
苦しいとき

【気持ちを重ねるポイント】

まず今の自分が思うこと、願うことをひとつ残らず
心の中で言葉やイメージにして如意輪観音さまに伝えてください。

どんなに些細なことでも下世話なことでも隠し事は禁止です。
それは如意輪さまに隠しているのではなく、
まだ自分に正直になれていない証拠だからです。

どんなに欲深くてもわがままでも、素の自分をそのまま見ていただきましょう。
いらないものは消し去ってくださいます。

聖観音さま

しょうかんのん

あなたが生まれてきたこと。
あなたがここにいること。
それが私の喜びです。

ご真言

おん　あろりきゃ　そわか

聖観音さま

仏さまのイメージカラー

すべてを生み出し、すべてを包む純白

千手観音さま、十一面観音さま、如意輪観音さまなどいろいろな観音さまの大元がこの聖観音さまです。頭に阿弥陀さまがついていますが、阿弥陀さまに近づきたい願いが込められています。阿弥陀さまの願いは「大悲」です。では、大悲ってなんだろう？ ということになりますが、仏教用語で「苦しみを救う仏の大きな慈悲」とあります。慈悲というのはどんなことでも拒まずに、そのまま受け止める心。何をも慈しむ深い愛情です。私たちが駄々っ子のように振る舞ったとしても、責めず、拒まず、裁かずに、ありのままを受け止めてくださいます。

阿弥陀さまは、どんな人であっても極楽に導いてくださいますが、その阿弥陀さまを頭上に置いていらっしゃるわけですから心強いですね。〝どんな人でも、どんな状況の人であっても受け止めます！〟というのがこの観音さまの誓いです。

「聖観音」は「観自在菩薩」ともいいます。「観自在」というのは、すべての物事を自在に観ることができるという意味です。『般若心経』の出だしの部分に「かんじ〜ざいぼ〜さ〜っ」という件がありますが、「観音さまが瞑想していたら、世の中すべて移り変わってしまって、実体がないって気づいたそうです」というようなことかと思います。

世の中には変わらないものなんてない。でも生きている私たちにとって時間の流れの中で起きる変化は抗うことができない。大きな悲しみや沢山の辛さを運んでくる場合もある。生きているってそれだけで大変なこと。起きたことをそのまま受け入れるしかないこともあるし…。それでも世の中ただ悲しことばかりではないと、気づけるように寄り添っていてくださる仏さまです。

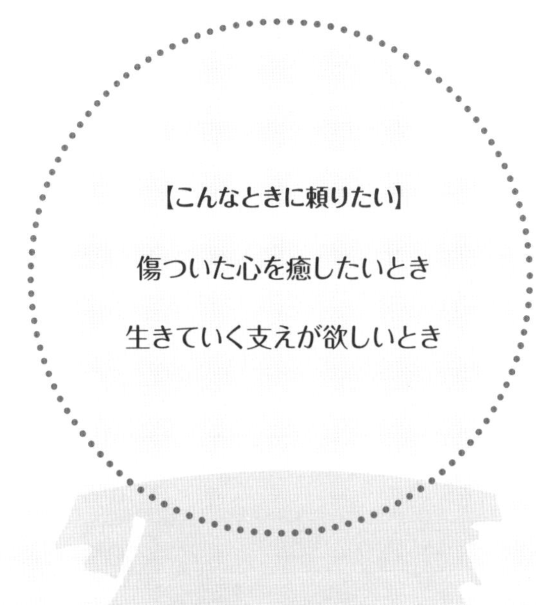

【こんなときに頼りたい】

傷ついた心を癒したいとき

生きていく支えが欲しいとき

【気持ちを重ねるポイント】

今のあなたのままで何も要りません。

激しい怒り、強い悲しみ、誰かを憎み妬(ねた)ましく感じる心。
もしあなたがこのすべてを持って向き合っても
静かにありのままのあなたを受け入れてくださいます。
そのままで良いのです。

大切なのは隠さないこと。これだけです。

虚空像菩薩(こくうぞうぼさつ)さま

限界は在(あ)るものではなく
作り出すもの。
あなたの心は無限なのに。

ご真言

のうぼうあきゃしゃきゃらばや
おんあり　きゃまりぼりそわか

虚空像菩薩さま

（こくうぞうぼさつ）

仏さまのイメージカラー

私たちがすべてを知ることができない深い海の青

虚空像って？ お名前だけではどんな仏さまかイメージしにくいかもしれませんね。「虚空」を辞書で調べると、仏教用語では、「さまたげるものがなく、すべての物が存在する空間」とあります。大きな空とか宇宙とか、そんなイメージですね。

そこに「蔵」としてたくさんの宝物を蓄えていらっしゃるというのがお名前の意味です。

この宝物は、手に持っている剣と宝珠で表されていて、みんなを助ける無限の力を表しています。

虚空像菩薩さまの力は「智恵（ちえ）」。何か問題に突き当たったとき解決するための「智恵」は無限にあるよ、ということなのです。

行き詰っても投げ出さず落としどころを見極めて解決方法を探すなら道は必ずある。たくさんの視点や考えを広げていくこと、また知識を使える智恵に変え役立てること、そして自分を活かすこと、そんなふうに教えてくださっているのです。

あの空海さまが高知の室戸岬でみんなの力になれるようにと修行をされた際、修行が終わる日の朝、明けの明星が流れてきてお口に飛び込んだという有名なお話があります。このとき、修行されていたのが虚空蔵さまにお祈りするものだったそうです。

空海さまの残した「智恵」が今の時代まで色褪せず継がれているのは、そこに虚空蔵さまの宝物がちゃんと詰まっているからかもしれませんね。

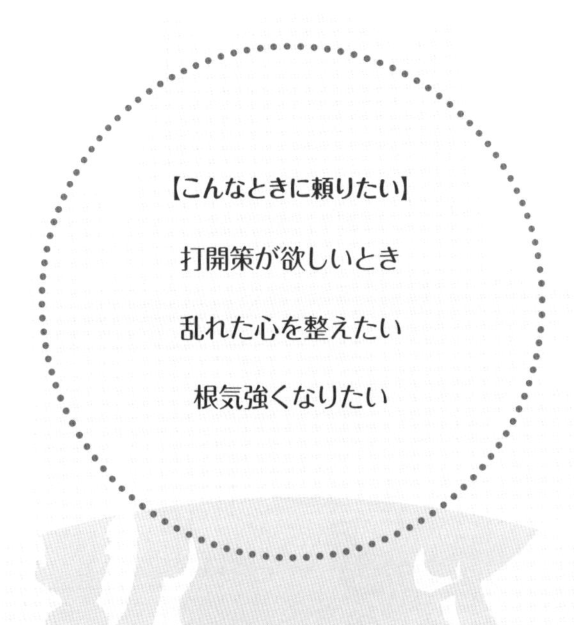

【こんなときに頼りたい】

打開策が欲しいとき

乱れた心を整えたい

根気強くなりたい

【気持ちを重ねるポイント】

静かに何も考えず、何も思わず
目を閉じてこの菩薩さまを感じてください。

あなたの心が本当に静まったとき、
自分の中に虚空蔵菩薩さまをはっきりと感じることができるでしょう。

お釈迦(しゃか)さま

命はどれも
特別で尊ばれるもの。
あなたも私も。

ご真言

のうまくさんまんだ　ぼだなん　ばく

お釈迦(しゃか)さま

仏さまのイメージカラー

何もとらわれない、曇りのない空の色

人を超越した存在が肉体を持って人の姿で生まれたのがお釈迦さまといわれています。

「天上天下唯我独尊(てんじょうてんげゆいがどくそん)」という言葉が有名ですが、この言葉そのまま、〝どの命もこの世で唯一無二の尊ばれるもの〟だと教えてくれる仏さまです。

お釈迦さまは、たくさんの人に〝どう生きたらいいのか〟を説かれました。そのどう生きたらいいのかですが、〝自分を貶(おとし)めるようなことをしない〟ということが基本です。

誰かの悪口を言ったり、汚い言葉で話したり、良くないと分かっているのに楽なことに流されたり、それを気づかずにやっていても、結局は自分で自分を傷つけているに過ぎません。

この世にたったひとつの大切な存在であるあなた。
〝だからこそ自分でその大切なものを傷つけたらいけないよ〟と教えてくださっているのです。

自分を傷つける生き方をしていたら自分を好きでいてくれる人、大切に思ってくれている人も同じように傷つけてしまいます。

毎日を気持ち良く生きること。「しなければ良かった」と後悔するよりも「して良かった」と思うことをする。〝その方が自分も周りの人たちもしあわせになれるよ〟と教えてくださっています。

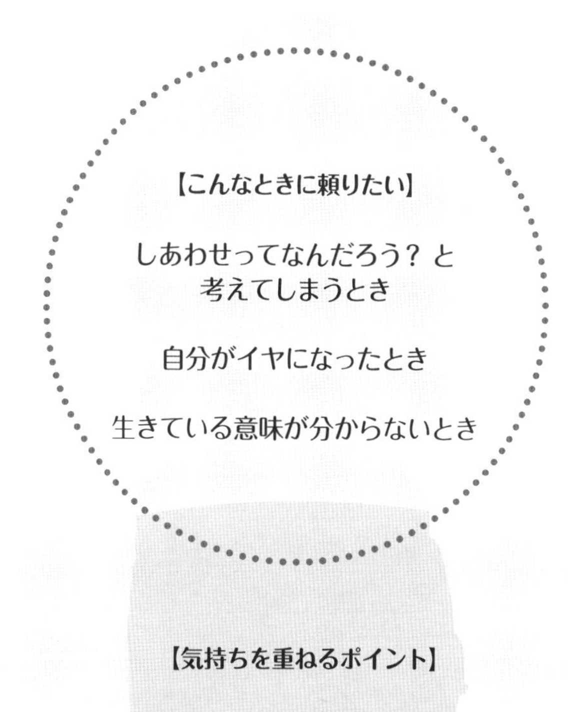

【こんなときに頼りたい】

しあわせってなんだろう？ と
考えてしまうとき

自分がイヤになったとき

生きている意味が分からないとき

【気持ちを重ねるポイント】

お釈迦さまも赤ちゃんとして生まれ、
肉体の死を経験された私たちと同じ人間の大先輩でもあります。

「お釈迦さまは生きていて辛くなかったの？」
「自分を嫌いになったりしなかったの？」
そんなふうに身近に感じて問いかけてください。

お薬師(やくし)さま

あなたをゆだねてください。
心も身体も。

ご真言

おん　ころころせんだりまとうぎ　そわか

お薬師(やくし)さま

仏さまのイメージカラー

薬師さまを表す瑠璃色の世界

絵は手にお薬の壺を持っている姿の薬師如来さまです。

お薬師さまは誰もが幸せに生きられるようにと、「十二の誓い」を立てられました。

食べ物や着るもの、住むところや健康といった、〝私たちの生活そのものを助けます！〟という事細かな内容が、この誓いに織り込まれています。

お名前と手にお薬を持たれているお薬師さまの願う幸せは、「健やかに生きる」というひと言に集約されます。
健やかの意味は、心身が良い状態であることですが、悩んだり苦痛を感じるとき、食べる物に事欠くとき、雨風をしのげる家がないとき、着るものすら満足には持てないとき、人は心も身体も健やかでいるのが難しくなります。そんなときは自分を支えてくれる何かを求めることが必要です。

その支えになろうとしてくださるのが、お薬師さまです。

みなさんは家族や大切な人が病気になったり、悩んで苦しんでいるとき、支えてあげたいと思うはずです。その気持ちこそ、お薬師さまそのものと言っても良いでしょう。

この支えてあげたいと思う気持ちはとても大切な想いですが、薬も過ぎれば毒になってしまいます。誰かを支えるとき、無理をし過ぎて共倒れにならないようにすることも大切です。お薬師さまの本当の願いは、共に支えあって生きていくことなのです。

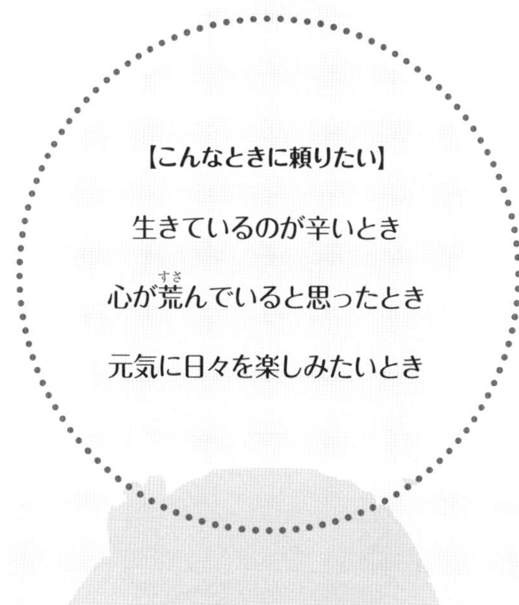

【気持ちを重ねるポイント】

深い青色の中を漂う自分をイメージしてください。

この青の世界はお薬師さまの中です。
あなたがその中に招かれ、やさしく抱かれる──。

この感覚を大切にしながら、
お薬師さまと一つになってください。

阿弥陀(あみだ)さま

自分らしい場所に
自分らしく咲く。
その花は
あなた自身の写し見です。

ご真言

おん　あみりた　ていせい　からうん

阿弥陀(あみだ)さま

仏さまのイメージカラー

花が咲き乱れる平和な極楽浄土の桃色

だれでも知ってる「南無阿弥陀仏(なむあみだぶつ)」の阿弥陀さまです。

日が沈むところに極楽浄土があって「南無阿弥陀仏」と唱えると誰もが浄土に行かれるといわれているのですが、その浄土にいらっしゃるのが阿弥陀さまです。みんながお浄土に行かれるというのは、人が生前にした良いことによってそれぞれに合った場所を阿弥陀さまが用意してくださっているからで、その場所こそ、生前の生き方が反映されているということなのです。

阿弥陀さまは蓮の花の上に座っていらっしゃいます。蓮の花は泥の中で育ってきれいな花を咲かせます。でも泥でお花が汚れたりはしません。私たちが生きているこの世の中も辛いこともあるし、腹が立ったり、人を恨んだり、少し道を踏み外したり、失敗したなあって思うこともあったり、きれいなままで生涯を終えることはたぶん誰もできないでしょう。阿弥陀さまは誰の生き方も否定せず頑張ったことを認め、その人に合うお浄土に迎えてくださいます。〝自分が泥に染まらなければ、みんな同じ花を咲かせることができる〟と教えてくださるのが阿弥陀さまです。

阿弥陀さまは如来になる前、「48の誓い」を立てられました。48とはずいぶん多いなと思われるかもしれませんが、このすべてをひとまとめにして簡単に言うと、「どこの国のどんな人であっても一生懸命に生きた後にはみんな平等でしあわせにします！」と阿弥陀さまは誓いを立てられたということです。

阿弥陀如来さまは、きっと人生のゴールで私たちと同じ目線で生をみつめて、同じように辛さや悲しみを感じて「よく頑張ったね、おつかれさま」とやさしく迎えてくださるはずです。

【こんなときに頼りたい】

失敗し深い後悔から立ち直れないとき

自分が好きになれないとき

死を考えると不安になるとき

生まれた意味が分からないとき

【気持ちを重ねるポイント】

こうでなければいけない、こうあるべき、
そんな気持ちを一旦手放して、
静かな気持ちで自分を阿弥陀さまにゆだねてみましょう。

そうすれば阿弥陀さまは必ず抱きしめてくださり、
あなたはあたたかいやさしさに包まれるはずです。

だいにちにょらい

大日如来さま

私は
すべての命の中にいます。
すべての命を
抱きしめています。

ご真言

おん　ばざらだとばん

大日如来（だいにちにょらい）さま

仏さまのイメージカラー

無限の宇宙を生み出す
純白の光の色

すべての仏さまの大元である大日如来さまです。

大日さまの「日」は、日輪のことで太陽よりも光輝く大いなる存在という意味が込められています。太陽よりもというのは大日さまは宇宙そのものであり、すべての命は大日さまから生み出されたといわれているからで、ほかの仏さまたちはすべて大日さまの化身なのです。言葉で説明するよりも、無限に広がる大きな宇宙を思い浮かべてもらう方がよいかもしれません。

こういってしまうと畏れ多くて遠い存在のように思われてしまいそうですが、私たち誰にも大日さまはいらっしゃいます。そしてさらにいえば、私たちが生きているこの世の中もまた、大日如来さまそのものなのです。

ですから、あなたの中にある宇宙に気づいて欲しいと願っていらっしゃいます。

※本書の絵の大日如来さまのご真言は、
「おん　ばさらだとばん」
なのですが、一般的な大日如来さまのご真言は、
「おん　あびらうんけん　ばさらだとばん」
ともお唱えします。

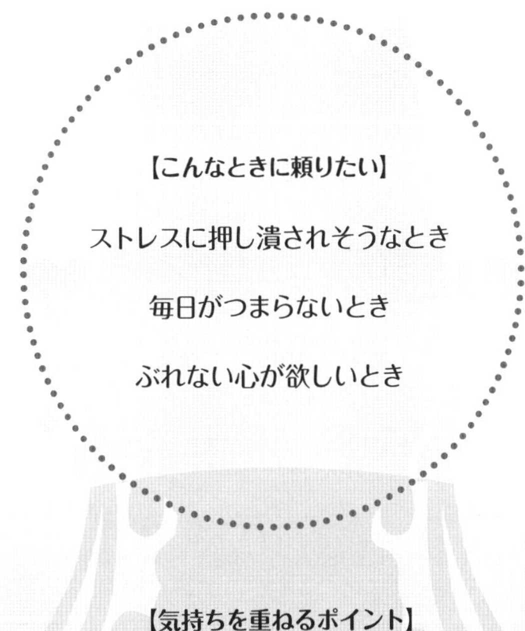

【こんなときに頼りたい】

ストレスに押し潰されそうなとき

毎日がつまらないとき

ぶれない心が欲しいとき

【気持ちを重ねるポイント】

大日如来さまの宇宙が、
あなたの身体を満たしていることを感じてください。

同時にあなたを包む無限に広がる宇宙から降り注ぐ
まぶしい光に包まれているイメージを体感してみましょう。

そのとき、あなたは大日さまと一体になれるでしょう。

〔仏さまの４つの部門の意味は？〕

学校を例に考えると…
学校の目標：本当の幸せへ！

すべての学校の校長先生＝**大日如来** 

学校	先生	
大学・大学院	**如来**	
中学校・高校	**菩薩**	
小学校	**明王**	
幼稚園	**天部**	

COLUMN

知ってとくする仏さまのおはなし

毘沙門天さま

BISHAMONTEN column

毘沙門天の奥さまは

真面目で働き者で家族を大切にする素敵な夫、毘沙門天(びしゃもんてん)さまと職場結婚をされて、かわいいお子さんにも恵まれた吉祥天(きちじょうてん)さま。お経箱を持った、お子さんの善膩師童子(ぜんにしどうじ)くんと旦那さまと、三人でお祀(まつ)りされることが多いですね。

吉祥天さまのお母さんは鬼子母神(きしもじん)さまで、黒闇天(こくあんてん)さまとおっしゃる大変仲の良い妹さんがいらっしゃいます。お姉さんの吉祥天さまが、前科を許し五穀豊穣や福徳を与えるのに対して、妹の黒闇天さまは閻魔さまの三人の后のひとりで、闇と不吉、災いを司る役割を持っています。お姿はお姉さんとは違い、たいへん醜(みにく)い姿をされているともいわれますが、信じる者には夜間の安らぎを与え、危険を遠ざけてくださいます。とても仲の良い姉妹で、「どこに行くにもいつも一緒で離れない」と『涅槃経(ねはんぎょう)』には書かれています。

吉祥天さまが陽なら黒闇天さまは陰。どちらが良いという話ではなく、お二人が揃ってこそバランスが取れるのでしょうね。

知ってとくする仏さまのおはなし②

荼枳尼天さま

夫婦(めおと)ぎつねの話

この本でご紹介した茶枳尼天(だきにてん)さまと、京都の伏見稲荷大社にお祀りされる稲荷神さま。どちらにもご眷族(けんぞく)のきつねさんがいらっしゃいますが、実はきつねのご夫婦なんです。

ご主人は小薄(おすすき)さんという長く修行を積んだ最高位の霊狐(れいこ)です。奥さまは阿古町(あこまち)さんで、命婦(みょうぶ)さんとも呼ばれています。命婦というのは身分の高い女性に与えられた位です。

昔、一条院の御代(みよ)に、進(しん)の命婦が七日間、籠って稲荷神に祈願したところ、宇治殿の正妻になれたので、阿古町さんに命婦の位を譲ったといわれます。

他にも昔話や伝承には、たくさん夫婦きつねの話は残っています。時々、仔ぎつねを連れたお母さんぎつねの石像をみかけますが、夫婦仲がよく子どもを生み大切に育てるイメージの現れですね。私たちに良縁成就、夫婦円満、家内安全のご利益をくださるようにお稲荷さまからのお役目を授かっていらっしゃいます。

知ってとくする仏さまのおはなし③

大黒天さま

DAIKOKUTEN COLUMN

大黒天(摩訶伽羅天)さまは
このお姿もあります!

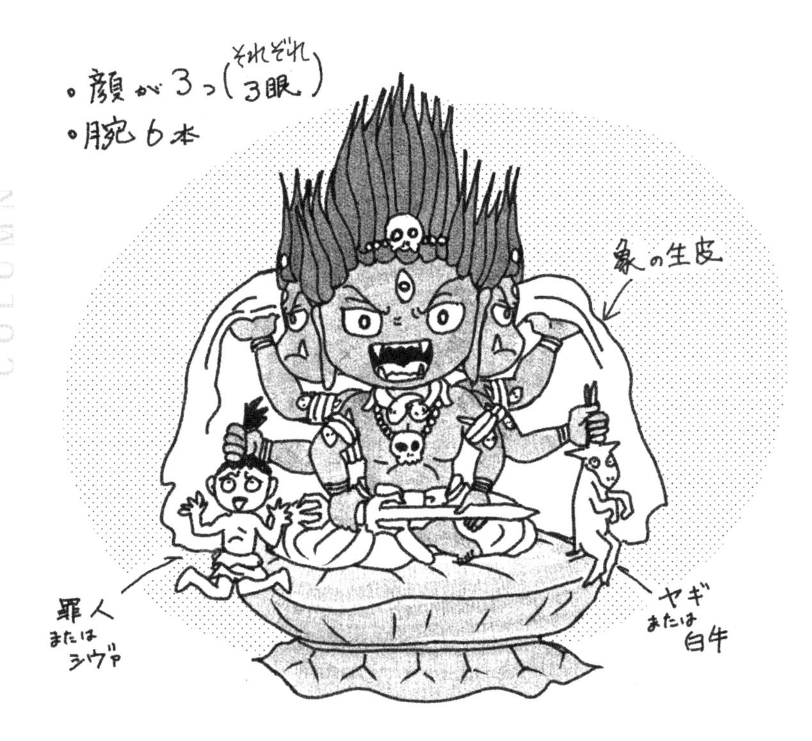

大黒さまは誰だろう？

戦前の唱歌「大黒様」では因幡(いなば)の白兎(しろうさぎ)を助けた後、「大黒さまって誰なの？」と問いかけると、「大国主命(おおくにぬしのみこと)だよ」と答えが返ってきます。大黒さまと大国主命は、大黒天という仏さまと一緒だったのです。

今、お寺や神社でお会いすると、二つの米俵の上に立ったお姿が多く見られますね。民間信仰の中では、豊穣、財福、食のご利益に加え、子宝や子孫繁栄を与えてくださる神さまとして、このお姿がとられてきました。

このお姿、実は男性の生殖器を模しているともいわれています。農耕が主であった日本では、豊作を願って、男女の生殖器をかたどったもので神事を行ったり、神としてお祀りしたりすることも珍しくはありませんでした。そういった信仰の中でも、多くの人に愛される大黒天さまのご利益の豊穣は、作物の実りであり、子孫繁栄であり、命を誕生させるダイナミックなものなのです。

弁天さま

BENTEN
COLUMN
おっ☆しっとく
十六童子の中から…
まずご飯を食べよう！
飯饋童子
はんきどうじ
心の鍵を開くよ！
大事な人の心を射抜くよ！
印鑰童子
いんやくどうじ
愛敬童子
あいきょうどうじ

弁天さまは子だくさん

梵天さまを夫に持つ弁天さまには16人のお子さんがいらっしゃいます。

それぞれ役割を持っていて、お母さんである弁天さまのお手伝いをしながら修行をされているのです。

心を自由に明るくする『印鑰』童子、法の『官帯』童子、学問の『筆硯』童子、商売の『金財』童子、農業の『稲籾』童子、経理の『計升』童子、食べ物の『飯櫃』童子、衣服の『衣裳』童子、養蚕の『蚕養』童子、お酒の『酒泉』童子、恋愛・愛情の『愛敬』童子、長寿の『生命』童子、経営の『従者』童子、動物愛護の『牛馬』童子、交通安全の『船車』童子、この15人をまとめる係の大黒天善財童子。これがチーム弁財天ともいうべき、弁天さまのご家族です。

弁天さまが、私たちの持ち込む様々なお願いを分け隔てなく聞いてくださるのは、かわいい童子さんたちのご活躍があってこそなのかもしれませんね。

知ってとくする仏さまのおはなし⑤

聖天さま

SHOUTEN COLUMN

しっとく

どんな時も一緒!

お互いに だいじな人の手は
どんな時も心で
しっかり握っていてね!

男天さま

女天さま

円満の秘訣

男天(だんてん)さまは女天(めてん)さまが大好きで、とても大切にされています。

聖天(しょうてん)さまが動かれるとき、女天さまが「あなた～　出番よ！」と、男天さまを動かしますが、お出かけになるときは、いつもご一緒です。

聖天さまは夫婦間の性差という特性を踏まえて、お互いに補いあう働き方をされています。お家を切り盛りするお母さんと、外でしっかり働くお父さん。お家の舵取りをするのはお父さんに見えても、方向を指示するのはお母さんという形のソフトな『かかあ天下』かもしれませんね。

女天さまは男天さまを労(ねぎら)い、立てることを忘れません。男天さまは女天さまを一途に愛し、少しくらいのわがままも自分への可愛い甘えと喜んで受けとめます。どこのお寺でも秘仏(ひぶつ)とされていて、お姿を拝見することは難しいですが、聖天堂のあるお寺に、ぜひ一度お参りしてみてくださいね。お二人の暖かい愛を感じることができますよ。

孔雀明王さま

しっとく
超人・役行者(えんのぎょうじゃ)
空を飛び水汲みまき割りを鬼にさせていたという
まず第一に、
自分の心の
掃除じゃよ！
役行者(えんのぎょうじゃ)(役小角(えんのおづぬ))

役行者を生み出した明王

修験道の開祖で、多くの伝説を残した役行者。この超人に欠かせないのが、孔雀仏母とも呼ばれる孔雀明王さまです。

役行者は若くして『孔雀王経』と出会い、孔雀明王さまの「毒を食べ尽くし、魔を滅して心を清浄にする術」を身につけられたようです。

その後も修行にはげみ、ついには自在に空を飛び、改心しない魔や鬼を縛する術を得て多くの人々を助けました。孔雀明王さま無くして、この伝説の行者は生まれなかったのですね。

今も潜在能力の開発などがうたわれることもありますが、あくまでも己の心の毒を滅することが主体で、能力が開花するのは副産物といえます。能力だけを求める欲が魔であり毒であるなら、すべてを孔雀明王さまにゆだねて清浄な自分を取り戻したとき、本来持っている自然な力を目覚めさせてくださることでしょう。

知ってとくする仏さまのおはなし⑦

お不動さま

お不動さまの両脇にいます!

シングルファザーお不動さま

お不動さまの両脇に、子どものお像が一緒にお祀（まつ）りされていることがあります。お不動さまには八大童子（はちだいどうじ）と呼ばれる子どもたちもいて、お不動さまの中から生まれ出たそうです。お不動さまはシングルファザーだったんですね。

いつも一緒の二人の童子がいます。胸の前で手をあわせ、その手に独鈷杵（とっこしょ）を持つ色白の子が、矜羯童子（こんがらどうじ）です。おとなしくて小心者だけど、素直にいうことを聞ける子です。

赤い身体に五つの髻（まげ）を結い、左手には金剛杵（こんごうしょ）、右手に金剛棒を持ち、少し怒ったお顔をしているのが、制多迦童子（せいたかどうじ）です。彼の怒り顔には、ちゃんと理由があるんですよ。お父さんであるお不動さまが、心を砕いて接しているにも関わらず、真っ直ぐに向き合おうとしない者に対して、「とーちゃんのいうこと、ちゃんと聞けよ！」って怒っているそうです。どちらもお父さんの一面を受け継いでいるんですね。

知ってとくする仏さまのおはなし⑧

愛染明王さま

AIZENMYOUOU COLUMN

何も持っていない手は？

この手が
にぎっているのは
心だよ！
自分の心を暴走しない
ようににぎっていたら
何でも宝に
変える事ができるよ！

あの壷の中身は？

壷の中身は世界中の
宝物だよ！
あなたにとっての
宝物は何かな？

煩悩は、しあわせの種

今や占いやスピリチュアルの分野でも、恋愛成就のご利益で大人気の愛染明王（あいぜんみょうおう）さま。

なぜ恋愛に大きなご利益をくださるのでしょうか？

恋愛の真（ま）っ只中（ただなか）にいると、人の心は穏やかではなく、苛（さいな）まれたりしますが、それが煩悩です。でも、愛染さまは、「煩悩はあって当然！　煩悩なくして何も生まれない。だからこそ、愛欲を本当の愛に変えよう」そう願われているのです。

お身体の赤い色は、欲望にとらわれがちな私たちのために、血の汗、血の涙を流して、お身体を赤く染めたともいわれています。恋愛を叶えたい、あの人を独り占めしたい。そんな想いで苦しいときには、「私も、想いを寄せるあの人も、本当のしあわせに導いてください」そんなふうに愛染明王さまにお話してみてくださいね。煩悩があるからこそ、少しの気持ちの向きを変えれば、それは大きなやさしい力になるのですから。

知ってとくする仏さまのおはなし⑨

お地蔵さま

裁判の行方は？

日本では大昔から、亡くなったら閻魔さまの裁きを受けて、悪いことをすると地獄に送られるという言いつたえがあります。

実はこの閻魔さま、お地蔵さまの別の姿といわれています。「やさしく穏やかな、あのお地蔵さまが！」とビックリですが、「ニコニコしながら、私たちの悪行を調査してた！」なんてことは無いです。閻魔さまの裁判は公平で、ちゃんと弁護士さんもいます。これが誰あろう、お地蔵さまご本人なのです。

閻魔さまが、「生前、人の悪口言っていたな！」と糾弾すれば、お地蔵さまが「でも近所のおばあさんのお買い物を手伝っていましたよ」と生前の善行を述べて弁護という形で進みます。では、どこで地獄行きが決まるのか？ それは悪行が善行を上回った場合です。いくら親身に弁護してくださるお地蔵さまでも、人を殺めたりした罪をかばう材料は持ってはいませんよね。悪いことをしないで生涯を終えるのは難しいですが、できるだけ良いことを増やしておきたいものですね。

知ってとくする仏さまのおはなし⑩

普賢菩薩さま

行動力の源は何だろう？

普賢菩薩（ふげんぼさつ）さまが乗っているゾウの６本の牙は、人間が迷う６つの世界のどこにでも助けに行く想いを表しています。普賢さまの行動力の源は、〝大きく深い思いやりの心〟なんです。

昔はすべてにおいて女性の地位が低く、そのままでは成仏もできないとされていました。しかし、そんな女性を応援し、「自分の可能生を信じて！成仏だってできるさ！」と言って導いてくださるのが普賢さまです。そんな普賢さまには、十羅刹女（じゅうらせつじょ）という女性の鬼神チームが身を呈してお手伝いをしています。

優しいだけではなく大変美しい菩薩さまなので、すごく女性に人気があり、仏画師が普賢さまのお姿を描く時は、美人で有名な花魁（おいらん）や遊女の顔を参考に描かれたこともあったそうですよ。

まわりの環境のせいにはせず、自分の可能性に向かって頑張り輝やけるよう、普賢菩薩さまはあなたを応援してくださいますよ。

MONJYUBOSATSU
COLUMN
しっとく
旅する童子
善財童子
偏見を持たずに
素直に話すと
どんな人と話しても
とても良い学びに
なるんだよ

文殊さまと善財童子

獅子にまたがる凛々しい文殊菩薩さまのそばに、善財童子（ぜんざいどうじ）というかわいらしい童子さんのお像が一緒にお祀りされていることがあります。

インドの裕福なお家に生まれた童子さんですが、ある日、このままではいけないと、文殊さまに教えを請いました。文殊さまの勧めで、53人の智恵（ちえ）者に会いに出かけていきました。この53人の中には、遊女、寺には属さない旅の僧、自分と同じような歳の子どももいたといわれています。苦しい生活の中に身を置く人たちに学ばなければ気づかない本質を、善財童子くんに直接見て、話して、聞いて知って欲しいと願われたのではないでしょうか。

文殊さまの智恵は知識ではありません。〝生きるための智恵〟なのです。この学びのあと、文殊さまのもとで善財童子は悟りを得たそうです。

知ってとくする仏さまのおはなし⑫

馬頭観音さま

愛してくれて、ありがとう

お顔が怖ければ怖いほど、逆に愛情深いといわれる馬頭観音（ばとうかんのん）さま。憤怒の相は邪を祓い、清らかな心を取り戻してくださいます。

動物の守護をしてくださることでも知られていますが、私たち人間が、どれほど他の命を愛したのかをちゃんと見ていてくださる仏さまでもあります。一緒に暮らした大切な家族であるペットとの別れを経験すると、本当に癒えることがないほどの悲しみと喪失感に打ちのめされますね……。そんなとき、ぜひ馬頭さまにお参りしてみてくださいね。

亡くなった子の供養のためだけではなく、あなたがどれほど愛情を傾け大切にしてきたか、ちゃんと知っていてくださる。そんな仏さまがいることを知って欲しいからです。馬頭観音さまは、ペットの子たちのために祈る人に、こんな言葉をかけてくださるでしょう。

「小さく生まれた、弱い命をこんなにも愛してくれて、ほんまにありがとなあ。おまえもようがんばったわ。ここからは、わしが代わるから、もう泣かんでええよ」

知ってとくする仏さまのおはなし⑬

千手観音さま

タニシに守られた千手さま

福島県の三春町の寺山というところに、きれいな水が湧いている池がありました。

その水で目を洗うと眼病が癒えるといわれ、いつの頃か石に彫られた千手観音さまをお祀りする小さなお堂が建てられました。千手さまは千の掌すべてに目を持っていらして、眼病の治癒にもご利益があるとされているからです。

ある日のこと、お堂の近くから火が出てしまい、あっという間に燃え広がっていきました。もう火の手がお堂に迫ったそのとき、池に棲むタニシたちが水から、どんどん上がってきます。タニシはそれぞれ、自分の殻を火に向けて大きな壁を作りました。おかげで火の勢いは弱まり、お堂は難を逃れることができたそうです。

それ以来、この池のタニシは、火で焦げて殻の先が無くなってしまいました。他の池から移してきたタニシも、いつの間にか殻の先は同じように無くなってしまうそうです。

知ってとくする仏さまのおはなし⑭

十一面観音さま

JYUUICHIMENKANNON COLUMN

受けとる心ができて…
観音力が働く!

観音力って、こんな感じ

昔、京都に本当に貧しい侍と奥方がおりました。生活はとても苦しく、もう観音力におすがりするしかないと、長谷(はせ)の十一面観音さまにお願いにあがりました。「今、こんな思いをするのは、前世での行いが悪いからかもしれません。こんな私でもどうかお救いください」。毎月、毎月、お願いに上がりましたが、いっこうに聞き届けられる様子はありません。奥方は「もうやめるように」と侍に言いますが、「そんなに簡単には聞いてくださらないさ。三年は一所懸命、お願いに上がるよ」と答えました。

そして三年間、欠かさずにお参りを続けたのに、何も起こりませんでした。侍は、観音さまにも見放されたと、大粒の涙を流しながら、最後のお参りを終え京に帰ります。そこを役人に呼び止められ、河原にある骸(むくろ)を捨てるよう命じられます。むしろに包まれた骸を引きずりましたが、その重さに驚いてめくってみると、中には金の塊が横たわっていました。

観音さまは、あなたの心を見ています。気負いを捨てて人のために動いた時に、観音力が現れるのですね。

知ってとくする仏さまのおはなし⑮

如意輪観音さま

NYOIRINKANNON COLUMN

如意輪観音さまの持ち物の中から……

如意宝珠（にょいほうじゅ）

どんな願いも叶えられる

法輪（ほうりん）

人を不幸にする願いを打ち砕く

叶うと誰かが
不幸になる願いは
法輪で砕いて
本当に
幸せになれる
願いを叶えるの

願うことは、ゆだねること

なんでも叶える力を持つ如意(にょい)宝珠(ほうじゅ)。

如意輪観音さまの掌の上で、色々な人を見て、様々な願い事を聞いてきたことでしょう。如意輪さまがなぜ、ただ静かに人の願いに耳を傾けているのか? それは、その願いが、「誰にとっても良いものなのか」に思いを巡らせているからかもしれません。

例えば、「何がなんでも、大好きな彼と結婚したい!」とお願いしたとします。この縁を結ぶことは、仏さまなら容易なことでしょう。でも、この願いが叶う裏で、悲しむ誰かがいるかもしれません。今は結婚したいほど熱くなっていても、すぐに気持ちが冷めてしまう可能性もあります。もし、本当にしあわせな結婚を望むなら、「良縁を結んでください」とお願いする方が、分かりやすいですよね。

私たちは、どうしても目先の欲にとらわれて、長い目で物事を見づらくなっています。「私らしく、しあわせに生きたい」そんな、ざっくりとしたお願いの方が、むしろ仏さまには響くものなのかもしれませんね。

聖観音さま

マリアさまと観音さま

聖母マリアさまや観音さまを言葉にするとき、「慈愛」という表現を多く見かけます。慈愛とは、自分の子どものように「慈しみ愛すること」です。言い方を代えるなら、「どんなことがあっても、どんな状況にあっても、見捨てることなく愛情を注ぎ、寄り添い続けること」になるかと思います。

かつて日本でキリシタンが弾圧された時代に、マリア観音というお像が多く造られたことがありました。今の時代に画像を見ても、それがマリアさまであるか、観音さまであるかを論じるのは愚かなことのように思えてきます。なぜなら、そこにあるのは、誰もが無条件に求める無償の愛を与えてくれる、すべての命の母の姿しかないからです。

聖観音さまはすべての観音さまの母体とされ、様々な救済の必要に応じて、お姿を変えられたといいます。「マリアさまと聖観音さまを合わせたお像を作ろう！」と、追い詰められたキリシタンの人たちが思いついたのも不思議ではありません。

国や宗教、信仰が違っていても、本当に求める人たちが見る世界は、きっと共通するものがあるはずです。

知ってとくする仏さまのおはなし⑰

虚空蔵菩薩さま

KOKUUZOUBOSATSU COLUMN

大きな物に包まれていると気づかないこと

そこにあるのが当たり前なもの。目の前に広がる日々の風景。うるさいなあと感じるカラスたちのおしゃべり。うろうろして目障りだと思う野良猫たち。そして何よりも、こうして生きている自分自身。何も変わらない、つまらない毎日と感じているかもしれませんね。

では、一旦気持ちを大気圏の外に向けてみましょう。そこは果てがどこにあるのか、どんな生き物が暮らす惑星があるのか。何一つ本当のことは分かりません。ここで、ちょっと考えてみてくださいね。何も変化がない、つまらない毎日を暮らす私。これも、大気圏の向こう側に浮かんでいる世界のひとつなんですよね。

虚空蔵(こくうぞう)菩薩さまの世界は無限に広く、すべてのものを抱いています。逆に私たちの心も、虚空蔵さまの世界そのものなんですよ。心の世界に果てはなく、何かを住まわせることも、何かを生み出すことも、自由自在にできるのです。つまらない私、つまらない毎日、鬱陶(うっとう)しいと感じるすべて。このどれもが、自分が作り出した世界です。一回の呼吸に込められた「生」に気づけたなら、この無限の宇宙にある命の奇跡、無限の可能性、喜びを見出だすことも難しくはありません。

お釈迦さまがお亡くなりになった時、石に足の裏を写たと言われています。お釈迦さまは仏像を造る事を禁じたのでインドではしばらく仏像の変わりに信仰の対象になりました。

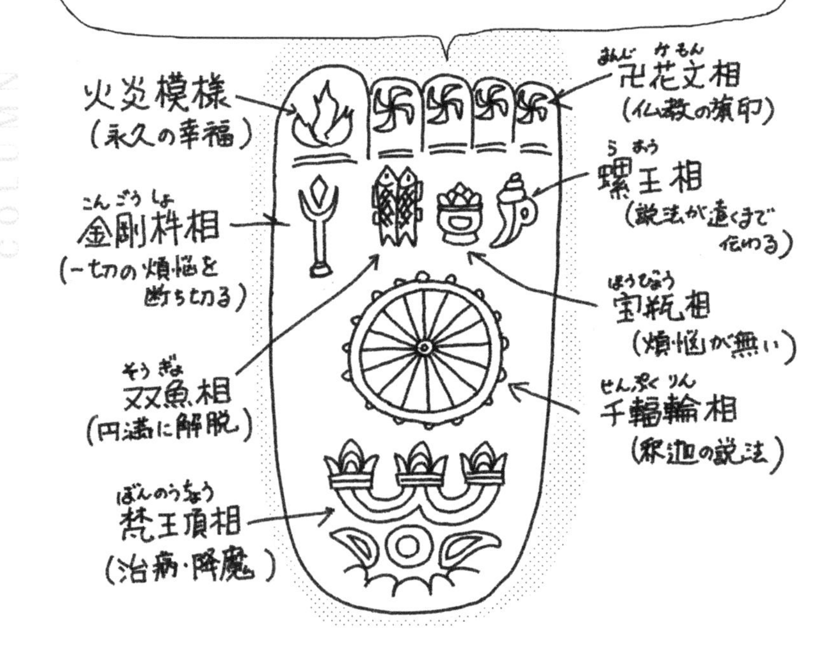

みんなが慕う理由とは

お釈迦さまがこの世を去られる時の絵『釈迦涅槃図』には、お釈迦さまの死を悲しむたくさんの人々の他に、夜叉や駆けつけた動物たちも描かれています。

なぜ、これほどまでに、お釈迦さまは慕われていたのでしょう？ もちろん悟りを得て尊敬されていたからですが、そこには、みんながお釈迦さまを愛して止まない理由があったのです。お釈迦さまは〝私だけで存在するものはない〟と説かれました。つまり生きるために食べるなら、食べた命と私は同じ。生きることを支えてくれる命がある。だから、あなたも私。私もあなた。

この世の中に、ただ独りで生き続けることはできませんよね？この言葉はすべての命、存在を肯定しています。夜叉だから、動物だからという蔑む気持ちがないのです。お釈迦さまのお話には、説法を聞いて悟りを得るに至ったカエルの話や、出家を志して寺院に住み着いたヘビの話もあります。命あるものすべて、同じように尊い。〝「天上天下唯我独尊」この世でたったひとつの命である。あなたは尊ばれるものだよ〟生まれたときから、ブレないのがお釈迦さまの愛ですね。

お薬師さま

YAKUSHINYORAI
COLUMN

お薬師さまの両脇に…

お薬師さまの両隣の二人は？

薬師如来といえば、薬師三尊という形でお祀りされるのが一般的です。では、両脇を固めるお二人は、いったいどなたで、何の役割をされているのでしょうか？

向かって右側にいらっしゃるのが、冠に太陽のしるしの日光菩薩さまです。お名前の通り、太陽の力を司り、人に病をもたらすものを滅する、毒を滅する役割をお持ちです。左側にいらっしゃるのが、月のしるしの月光菩薩さま。月光さまは、やさしい月の光で、乱れた心に安らぎを与えてくださいます。お薬師さまが願う、〝健やかさ〟である、心と身体を整えてくださるお二人なのです。

この二人の菩薩を育てられたのはお薬師さまで、いつも三人一緒ですが、お薬師さまが大切にされている、お弟子さんなのでしょうね。

如来さまには珍しく、手に何でも出せる薬壷を持っていたり、二人の脇持さまをいつも連れていらっしゃったり、お薬師さまは庶民的で、本当に面倒見の良い如来さまです。

阿弥陀さま

カエルの仏さま

『鳥獣戯画』の中に、法要ごっこ遊びを描いたものがあるんですよ。お猿が扮する高僧が、本尊であるカエルに読経している場面です。

このカエルの本尊さま、手の形（印相）からは阿弥陀さまかお釈迦さまか、判別することは難しいのですが、法要の願主役のお猿が、袖で目頭を押さえていることから、大切な家族のための法要という設定かと想像します。

でも、どちらにしても如来さまであることに間違いはなさそうですね。如来さまは、身体に三十二の特徴をお持ちで、見た目でハッキリと確認できるという言い伝えがあります。その相のひとつに、〝手足の指の間に水掻きのような膜を持っている〟というものがあります。これは、〝みんなを救おうとする手指の間から、誰もこぼれ落ちることがないように〟という願いの表れといわれています。

『鳥獣戯画』には兎や狐など、他にも動物たちが登場していますが、どうやらご本尊役は、カエルが適任だったようですね。

知ってとくする仏さまのおはなし㉑

大日如来さま

DAINICHIYORAI COLUMN

光はやさしく照らすもの

光明真言（こうみょうしんごん）という言葉を、聞いたことがありますか？

「おん　あぼきゃ　べいろしゃのう　まかぼだら　まに　はんどま　じんばら　はらばりたや　うん」というご真言です。

穢（けが）れを祓（はら）ったり、自分の波動を整え運気を上げてくれるご真言としても今は広く知られるようになりました。本来、光明真言の持つ意味と力は、それだけではないのです。迷っている魂を明るく照らし、本来の自分の姿に気づかせてくださいます。このご真言をお唱えして光を呼び、同じ光の中に入ることで、あなたも本来の自分の心の在り方を取り戻し、同時に迷っている誰かの道筋を照らすことができるのです。

すべてを明るく照らし、包み込んでくださる大日さまに呼び掛け、迷える魂や、悲しみに暗く沈む心を導いてくださる大切なご真言です。

自分では、どう抜け出して良いのか分からず、途方に暮れてしまう誰かのために、遠くから光を招くイメージで唱えてみてくださいね。あなた自身も同じ光の渦に身をゆだねることができますよ。

仏さまの得意分野早見表

部	仏さま	得意分野	ページ
天部	毘沙門天さま	仕事 家族 厄除 福徳	8P
	荼枳尼天さま	仕事 人脈 運気改善 技芸	12P
	大黒天さま	仕事 飲食 福徳	16P
	弁天さま	恋愛 商売 技芸 人脈	20P
	聖天さま	人間関係 運気改善 家族	24P
明王部	孔雀明王さま	不安 罪悪感 克服	28P
	お不動さま	目標達成 運気改善 霊障	32P
	愛染明王さま	恋愛 良縁	36P
菩薩部	お地蔵さま	死別の悲しみ 罪悪感 再出発	40P
	普賢菩薩さま	克服 再出発	44P
	文殊菩薩さま	克服 学業成就	48P
	馬頭観音さま	死別の悲しみ 罪悪感	52P
	千手観音さま	運気改善 眼病癒し	56P
	十一面観音さま	人間関係 克服	60P
	如意輪観音さま	家族 目標達成 厄除	64P
	聖観音さま	死別の悲しみ 克服	68P
	虚空蔵菩薩さま	罪悪感 不安 厄除	72P
如来部	お釈迦さま	不安 克服 目標達成	76P
	お薬師さま	健康 家族 運気改善	80P
	阿弥陀さま	死別の悲しみ 克服 罪悪感 不安	84P
	大日如来さま	運気改善	88P

おわりに

この本を読んで頂いてありがとうございます。
そして仏さまのメッセージを少しでも感じて頂けたら嬉しいです。

仏さまは日常の生活の中で、とても身近にお出でくださいます。あなたの全てを解っていて、そのうえで受け入れてくださる存在です。あなたが自分はもう見捨てられたのではと思う時も仏さまは、あなたの手を離す事はありません。決して一人ではないんですよ。今後も、この本を度々開いて親や大事な友達のように仏さまに親しんで頂けましたら、そして、人生のいろいろな局面で仏さまを思い出して頂けましたら望外の幸せです。

機会がありましたら、お寺へお参りしてみてください。きっと新しいご縁を感じると思います。

この本は仏さまに呼ばれるように集まった北川らんさん、
岡空俊輔さん、石川眞貴さん、そして私悟東の４人が
力を合わせて、やっとこの世に生み出されました。
本の完成を、仲間と共に仏さまに感謝いたします。

悟東あすか

【著者紹介】

悟東あすか(ごとうあすか)

東京都三鷹市生まれ。高野山真言宗尼僧であり、漫画家で一般家庭の主婦で一児の母でもある。
漫画家としては吾妻ひでお氏と巴里夫氏に師事し、さいとうちほ、竹本泉、ささやななえこ等各氏のアシスタントを経て、1989年に集英社少年ジャンプ第30回赤塚賞準入選。同年週刊少年ジャンプ夏期増刊号にてデビュー。毎日中学生新聞等で4コマ漫画、取材漫画、IT解説漫画等を連載。一般誌の他に大法輪を始め仏教系雑誌や複数の宗派の機関紙に漫画やイラストを連載。
尼僧としては、1984年高野山別格本山西禅院徒弟として得度。受明灌頂授了。
2006年高野山大学加行道場大菩提院にて加行成満。同年伝法灌頂授了。
2007～2009年高野山大学にて中院流一流伝授授了。
代表作『あいむ・ヤッチ!』（毎日中学生新聞）、『門前のにゃん』（臨済宗妙心寺派月刊誌『花園』）、『パンドラBOX』（毎日中学生新聞）、『幸せを呼ぶ仏像めぐり〈仏さま神さま〉キャラクター帳』（二見書房）、『仏さまカード　秘密のメッセージ』（じゃこめてい出版）等

教えて！仏さま　あなたに寄りそう仏さまBOOK

2017年9月7日　初版第1刷
著　者　悟東あすか
発行人　石川眞貴
発行所　じゃこめてい出版
〒214-0033 神奈川県川崎市多摩区東三田3-5-19
TEL.044-385-2440
FAX:044-330-0406
振替 00100-5-650211
URL　http://www.jakometei.com/

制作協力／北川らん
装丁・本文デザイン・DTP／岡空俊輔（タタン力村）
印刷・製本／上野印刷所

ISBN978-4-88043-449-0　C0076